パリはごきげん♪

うつみ よしこ

風詠社

装幀　2DAY

《目次》

《いざ出陣》――家族に見送られて

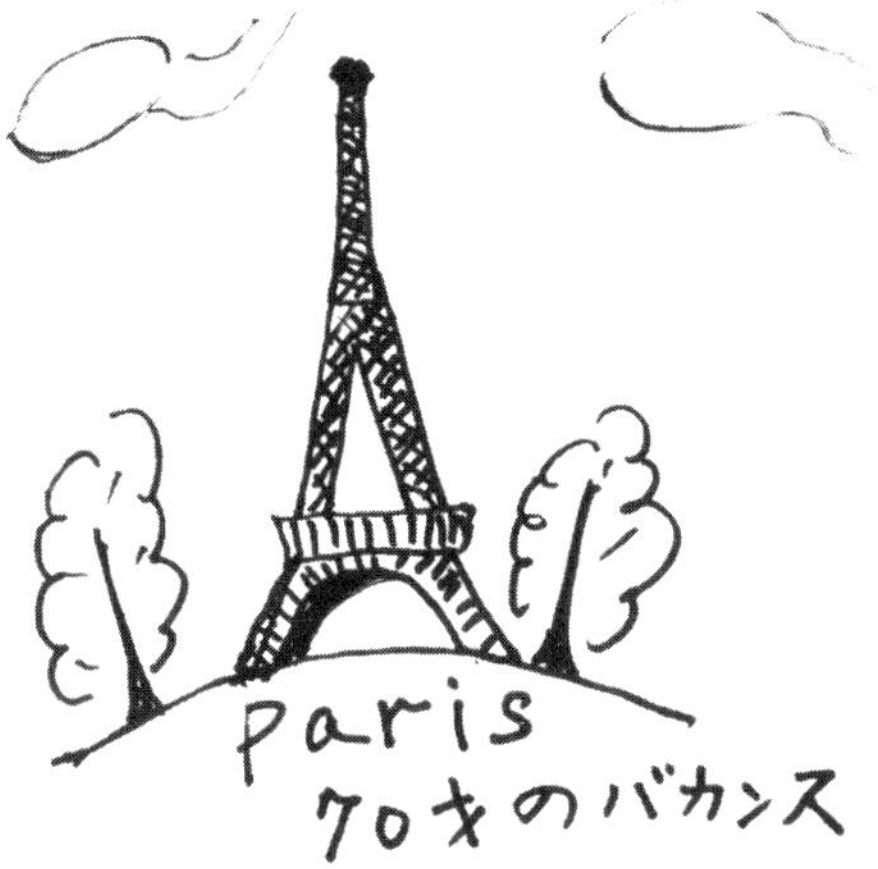

いたずらばあさん空を飛ぶ

もうすこしで七十一歳になります。髪はほとんど白いので、生まれて初めてシルバーのヘアマニキュアをかけて貰いました。

エールフランスというフランスの飛行機に乗って、十二時間二十分のパリまでの空の旅です。

前の夜、パスポート、ＴＣチケット、航空引換券、銀行で取り換えたばかりのピッカピカのユーロのお札、薬など色々出したり入れたりしたのに、いざ玄関を出たら「アッ帽子！」

見送りについてきてくれる孫たちの頭の帽子を見て思い出し、走って帰り、マンションのエレベーターのガラスに映る自分の顔を見て「いやにすっきりしている」と直感。

「アッ眼鏡かけていない！」

そういえば、眼鏡をリビングの椅子にちょいと置いたことを思い出して、我が家に突入しました。

せっかく「一生、最後の一人旅。充実の時を送ってこいよ！」とハグしてくれた主人が、あっけにとられて「あわてるんじゃないぞ！」と怒鳴る。

甘いドラマが叱咤激励《しったげきれい》に変わり、やっと車中の人とはなりました。

いたずらばぁちゃんの見送りには、生まれて初めての飛行場見学も兼ねて孫が二人、長男、長女が成田空港まで来てくれました。

「オルボア・ア・ビヤント！」なんてかっこ付けて、国際線のゲートをくぐり、機中の人とはなりました。

後から聞いたのですが、彼らは見送りゲートから「おばぁちゃんばんざーい！」三唱してくれたという事です。まるで出征兵士並みです。

いよいよ　飛行機に搭乗

久しぶりの出国です。たった一人の海外の旅は十五年前のロンドン行き以来です。その時は、ヴァージンアトランティック初就航で、快適なフライトでした。

今回は折角パリ行きだから、エールフランス。座席に座って、なんだか手順を忘れちゃった、使い方が分かりません。

エコノミー症候群にならないように、長男がコンシェルジュに頼んでくれた通路際の席には、意外な落とし穴があって、真上にクーラーの排気口があり、絶え間なく冷たい空気が降ってくるではありませんか。

「ブレブ・シャンジェ・ラ・プラス？」

「室内は二十五度に設定してあるから無理」とにべもない。

「おお寒、おお寒」このままで十三時間はきつい。

日本人のパーサーにひざかけを借りても、まだまだアンチリラックス状態なのです。シャツを重ね着してスカーフまいて「憂鬱の沼」に浸っていたらランチになって、シャンパンを頼んで、自分に「ア・ラ・ヴォートル！」と一杯やったら、やっと体に血がまわりはじめたのでした。

何だか置いてきた夫の顔が目に浮かんで、涙が出る。

夫と初めてパリへ行ったのは銀婚式の記念だったから、四十九歳！　若かったな。まだ、北回りアンカレッジ経由で、確か十九時間？　くらいかかったと思う。同じエールフランスで、今とは格段に差がある機内食の豪華さにびっくりしたものです。

夫婦そろってフランスかぶれを認めていて、「ア・ラ・ヴォートル！」とワインで乾杯したものだけど、こんなにうすら寒いひざかけにくるまっての一人の乾杯は、寒いものです。

そこで、旅行鞄からノートを取り出して、今回の旅行記の始まりを書く事にしたのです。

さてさて、どんなパリ暮らしが始まるのでしょうか？

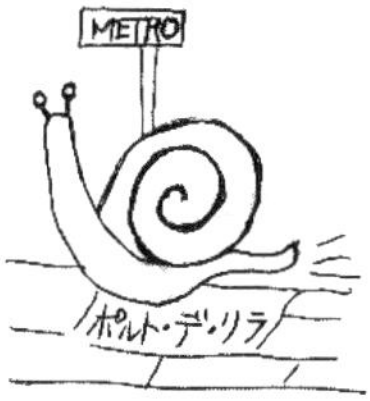

《ボンジュール・パリ》——やっとこ、ねじまわし

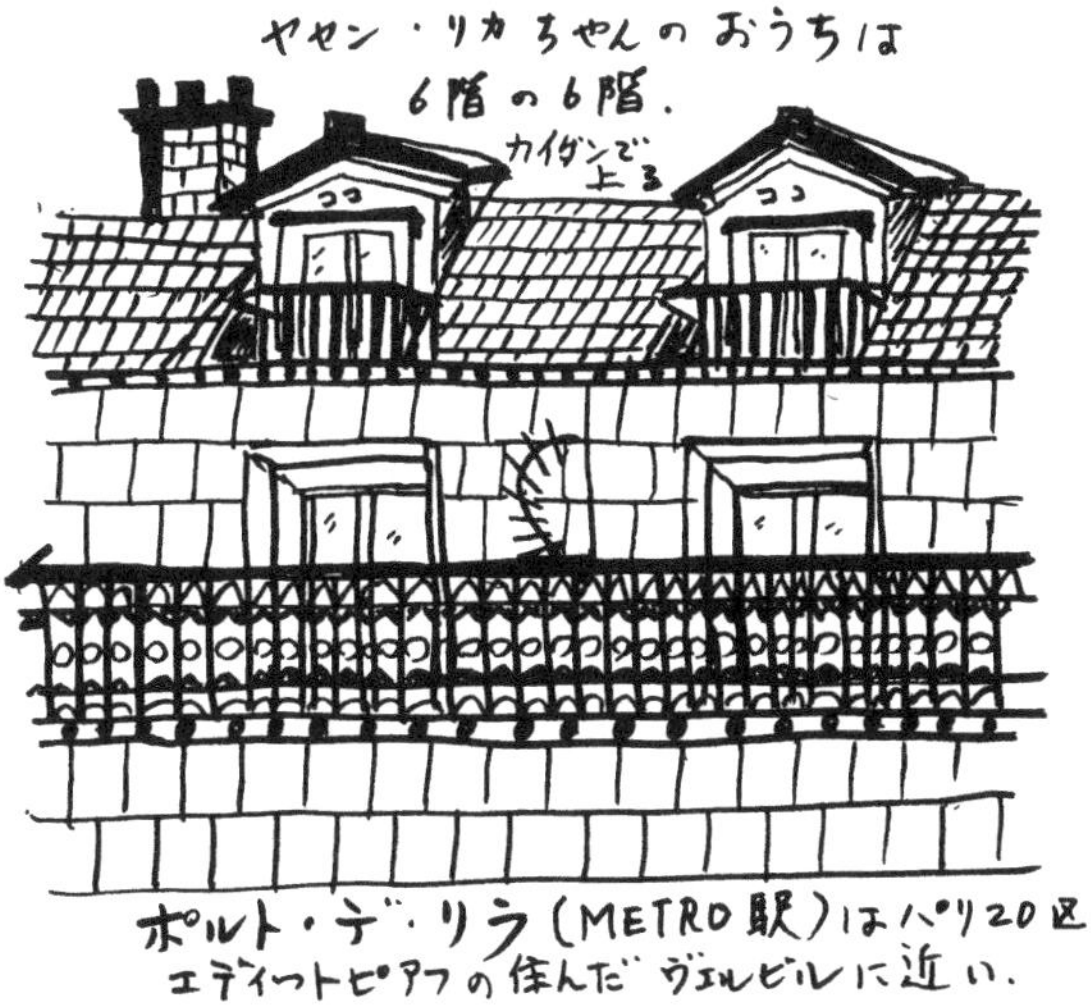
ヤセン・リカちゃんのおうちは
6階の6階.
カイダンで上る
ココ
ココ
ポルト・デ・リラ(METRO駅)はパリ20区
エディットピアフの住んだヴェルビルに近い.

シャルル・ド・ゴール空港に降り立ったのは夜の八時。パリはまだ日暮れていない。今回のお宿の持ち主であるSさんの後輩のA氏がお出迎えのお約束で、私はてっきり「うつみさん」と書かれたプラカードを持った人と疑わず、きょろきょろしながらカートを押していたら、すっと中肉中背の芸術家風のムッシューが近寄ってきて「うつみさんですね？」〝なんでわかるの？〟と思ったら、彼は私のサムソナイトを指さして、にこっと笑った。サムソナイトには、主人が几帳面にテープで切り貼りした、Y・UTSUMIのイニシャルがあった。

今回、私のすまいとなる建物には、エレベーターがなく、A氏は重いサムソナイトを抱えて登ること七階。一気に持ちあげてくれた。

それから、家のドアキーの扱い、火の回り、水周り、電話、ファックス、などなど細かに説明してくれました。

優しいA氏が、お水とオレンジジュースを置いて帰った後、いざ一人でそのキーを扱い始めたが、もうこころ細くて仕方がない。

A氏がやすやすと、コチッと開けたドアのキーは、私の指が千切れそうになってもびくともしない。これでは、もう外出は絶望的だ。後で、コチッは梃子《てこ》の応用で良いことがわかったけれど。

キュイジーヌの電磁器を使ったら、パイロットランプが中々消えないのでこれでは、夜も寝ないで見張らないと火事になったら大変だ！　眠たい目をこすって見守っていたら、消えました。

受信したファックス、紙は受話器の下からぞろぞろ出て来ますね。トイレのお水がチョロチョロ止まらない。留守の間に溢《あふ》れたらどうしよう？

またもや留守には出来ません。元栓締めて、翌朝バケツで流したら、流れて行かない。

これら諸事情を日本に帰国中の大家さんに電話して、サポーターのA氏に駈けつけて頂いたわけでした。

「ああ、ほんとうにパリって言ったって、一人暮らしは大変ですね」

「パリでは、これがないとやっていかれません」と見せてくれたのが、やっとこ、ねじまわし等の大工道具の小物達。なんだか懐かしくもある。

LES DEUX MAGOS
サンジェルマン・デ・プレ

《パリの窓の下》――飽きない眺め

リカちゃんの
アパルトマンの
窓の下の街
BAR LE ZODIAC
ECOLE LE MAN
TABAC DE LA PORTE
BAR TABAC
カーテン越しに
下を見たら
若い黒人が1人
真下の路上の
信号機の傍らに
じーっと動かず
立っていた
くずかご
パリのコーヒーは
エスプレッソ
タバコ
を
のむ人
は多い

七階の窓から下を眺めていると、面白くてたまらない。一日に何度となく窓を開けて下を眺める。

私が仮住まいをしている部屋は、ポルト・デ・リラの古い昔ながらの建物の最上階の六階で、日本でいえば七階になる。

だから見える景色は遠い街並みと眼下ということになる。

パリの住まいは「鍵の文化」の申し子で、この建物も二重の玄関のボタンを押さないと階段口に辿りつけない。

やっこらさ、と階段を上りこれまたエイッと気合いを入れて鍵をまわして部屋に入ると、もう階下には下りて行きたくなくなる。

安心感といっしょに気分が引き籠り、その引き籠りも、平素沢山の人たちと関わってすごしている私にしては捨て難い、久しぶりの〝一人〟ではあるのだけれども。

待ちに待った〝一人〟の空間。それがどうしたことか、初めの二、三日は優雅に引き籠っていたが、だんだん人恋しくなり、ついには大声で叫びたくなった。そこで、私は窓を開けて恐る恐る体を前に倒し首を伸ばして、下を見る。

窓の真下の通りには、幼稚園を挟んで左右に二軒のカフェと、トルコサンドイッチ屋がある。右はしのタバコ屋とカフェを兼ねている店は、朝五時には路上に椅子を並べている。

エコール・ル・マンは幼稚園で、九時頃から白・黄・黒、いろとりどりの子ども達が親に連れられてやってくる。日本の子どもと同じで、入口でダダをこねていたり親の手をすり抜けて、もと来た方へ走って行ったりしている。

ターバンを巻いた悠揚《ゆうよう》迫らぬ黒人のママ、リュックを背負ったスリムな白美人、オートバイで乗りつけるこわそうなパパなどが、夕方五時には子どもたちを迎えにやって来て、幼稚園の玄関が締まる。

左端のカフェ〝バー・ル・ゾディアック〟は朝九時から店を開け、夜は十二時すぎても営業を続けている。この前、夜中の二時すぎにやっと椅子を片づけていた。


店の前の路上テラスのパラソルは、日除《ひよ》けはもちろん、小雨の時でもそのままで、平気でその下に座っている人がいるのには恐れ入る。

タバコ屋と、ル・ゾディアックは少し客層が違っているらしくタバコ屋はタバコや切手を買う人の出入りもあってせわしなげだし、子連れのお母さんがジュースを飲んでいたりする。はしっこのテーブルにちょこんとおばあさんが腰をかけ、カフェのカップを前に何だかゴソゴソ紙袋に手を突っこんで、一口ちぎっては口に入れ、一口ちぎっては口に入れたりしている風景もある。

ル・ゾディアックは、カフェの他に食事も出し、夜は完全な居酒屋になるようだ。パラソルの下で、ケイタイ電話をかける人、新聞を読んでいる人、曰くありげに顔うち寄せて話し込む中年の男女がいたりする。

パリの夏は日暮れが遅く、夜十時近くになってストンと日が落ちる。するとどこからともなくこの窓の下の通りに若い男たちの黒い影がふえてきて、何をするでもなくうろうろと揺れている。

ある真夜中、トイレに起きてカーテン越しに下を見たら、若い黒人が一人、ちょうど真下の路上の信号機の傍らにじーっと動かず立っていた。

それも、十分も二十分もじーっと。

それを見ていた私も、自分が少しオカシクなり始めたということか。ヒッチコックの真似もこのへんにして、それでは窓を閉め鍵を開けて下へ降りて行こう。やっと気持ちが動いた。

その後、パリ住まいの長いA氏に「何でまあ、パリの人たちってカフェテラスに飽きもせず朝から晩まで、ああして座っているのですかね」と訊ねたら「聞くところによると、昔、パリでは暖爐の無い貧乏な人達が、お日様恋しくて『せめてお天気の良い日は路上で日なたぼっこでもしようか』と集まったことがカフェテラスの始まりだそうですよ」と答えてくれた。

タバコ屋とル・ゾディアックのテラスには、ちょっと座る勇気が出ない。

そのうち、セーヌ河畔のテラスで、素敵なムッシューに出会って〝ドゥ・カフェ・シィル・ブ・プレ〟（コーヒー二つ、おねがいね）とやりたいものですね。

LES DEUX MAGOS
サンジェルマン・デ・プレ

《Dondon《ドンドン》》——サンジェルマン・デ・プレのカフェで

サン・ジェルマン・デ・プレ教会の お向い

七階の階段の上り下り、鍵の開け閉めにどうやら慣れたところで、バスに乗ってサンジェルマン・デ・プレへと出かけて行った。

お目当ては、カフェ・ドゥ・マゴである。カフェ・ドゥ・マゴは、今なら東京渋谷の文化村に行けば在る。東急デパートが大いに肩入れしていて、御中元・御歳暮の景品としてドゥ・マゴの袋を幾つも貰った。

私が初めて夫と一緒にドゥ・マゴに行ったのは、今から二十二年も前のことで、パリの食品といったら、東京ではまだフォション一軒だけが高島屋の地下の一隅にワインとお茶を並べているぐらいだった。

私達の世代は、第二次世界大戦後、海外からなだれこんで来た文化を貪《むさぼ》るように欲しがった世代で、今から思うとどれだけ分かっていたかは疑わしいが、とにかくパリに行ったらサルトルとボーヴォワールの根城《ねじろ》だったカフェ・ドゥ・マゴに、と二人で地図を片手に辿りついた当時の記憶は鮮明だ。

トッサン（万聖節・十一月一日）のパリは日暮れも早く、コートの襟を立てたい程の寒さだった。

ドゥ・マゴのドアを押すと、なるほど店の名前の由来である、二体の支那（中国）のマゴ（人形）の木像が室内の中央の大柱の高みから、左右を見下ろすように座っていた。

もうもうとタバコの煙が充満する店内は混み合っていて、小鳥の囀《さえず》りにも似たフランス語の早い会話が飛び交《か》っていたものである。

そういう、知的な雰囲気が感じられて、夫と私は、自分たちのスノビズムを喜ばせた。

折角、ドゥ・マゴまで来て、寒いのに夫は矢張りクローネン・ブルグ。ビールしか飲まない。もちろん、私はパリのエスプレッソ。

テーブルをはさんだ向いの席に、ブロンドの美人がタバコをくゆらしていた。よく見れば、ブロンドの合い間に白いものもチラホラ見えて、年齢は不詳。秋も終わりの今日の寒さに、白のスーツを着込んでいた。でもどことなく薄汚れた白のスーツだった。

スノビズムとお上りさんの昂揚気分が一変したのは、次の場面展開のせいだった。

ブロンドのマダムがすうっと立ち上がって、出て行こうと私達に背を向けた。

私達は、その後姿を目にして息をのんだのである。

白いスカートの腰のあたりが、黄色い染《し》みで大きな地図を描いていたのである。それも昨日今日、というより長い間何度も塗り重ねられたような染みだったのだ。

くゆらしたタバコの指先からは、考え深げなオーラが漂っていたように感じられたのに、背中がそれを裏切って、孤独な痴呆を想像させた。……そんな想い出のドゥ・マゴ。

辿りついて驚いた。その日は晴天だったせいか、カフェテラスは満席で、しかも大半が観光客と見受けられるような変わりよう。

深いグリーンに、金の文字のカフェ・ドゥ・マゴのテントから店内に入ると、ああ懐かしや、あの時と同じ二人のマゴが同じ柱を背に、変わらぬ時を刻んで座っていた。カフェテラスの混雑と較べて、店内は比較的空いていた。私は二十二年前と同じ席に座って、ドゥ・マゴを見上げる。

〝今回は一人でやって来たのよ〟

さて、いくら待っても注文を取りにこない。「ギャルソン」と呼んでも、そっぽを向いているので「ムッシュー」と大きな声で呼んでみた。

フランス人にしては珍しい赤毛のギャルソンがやって来て、カルト（メニュー）を置いて行った。じっとみつめるカルトの中の値段はどれもこれも立派なもの。一人ぐらしの予算に近いところで、昼間ではあるし結局エスプレッソ・ドゥブルとサンドイッチジャンボンを頼んで一息ついた。パリでは一息の〝お水〟が出てこないので、まことに憩《いこ》えない（あとになってカラフ・ド・オでただのお水にありつけるようになったのだが）。

その後も赤毛ギャルソンはなかなかやってこなかった。見ると私の斜め向いに二人の老婦人が並んで、別々に食事中で、赤毛はセッセとそちらへ料理を運んでいたのである。

一人は、私よりは五、六歳若そうな威風堂々イノシシ。もう一人は、八十歳近いだろうか、ころころ肥った羊おばあちゃん。

二人のテーブルにはそれぞれワインがボトルで置かれ、ナイフとフォークの動かし方をみれば、あれはどっちも肉のカタマリだ。サラダが出て終わり、と思ったら、イノシシ威風堂々ばぁちゃんにはグラタンが来た。

私のところへは、まだカフェも来ない。私はいささかムッとして他の眼鏡の店員に「ギャルソン!」と指を立てて呼んだ。

すると眼鏡はあごをしゃくって〝赤毛に頼め〟という仕草だ。どうやらテリトリーがあるらしい。

〝失礼な。あんた達、私を誰だと思ってんの? 日本から来たマダムだよ。毎度渋谷文化村のドゥ・マゴを使ってあげているご常連だよ。たかがカフェとサンドイッチを作るのにこんなに時間がかかるのかネェ〟

と啖呵《たんか》の一つも切りたいところだが、生憎《あいにく》スラスラとフランス語は出てくる筈もなし。じーっとニラミの形相《ぎょうそう》でいたら、やっとカフェだけ運んで来た。

―こんにゃろめ! すかさず私は赤毛の袖をつかまえて「プウヴェ・ム・プルネ・アン・フォトアベック・ドゥ・マゴ?」(ドゥ・マゴをバックにシャッターを切っていただけません?)と強引にカメラを渡してVサインをしてニコッと笑ってやった。

赤毛はシブシブ「ダ・コー」(いいよ)といってパチッとシャッターを押すと、また走って奥へ引っこんでしまった。

羊ばあさんは、目下もぐもぐと大皿いっぱいのメロンに挑戦。

イノシシ威風堂々は、ボトルのワインの最後の一滴をグラスにあけきって、ぐぃっと飲み干し、次なるデザート、山のようなチョコレートサンデーに突進。

フランスでは、サラダでも肉魚の料理でもデザートに到るまでも、少しずつ万遍なくというのがない。何でもびっくりするぐらいにドカンと大量に出される。それなのにどうしてコーヒーというとあのエスプレッソなのか。

ハタ、と我に返って、私は大声で叫んだ。「ムッシュー」やっと来た赤毛に言ってやった。「イレ・トレ・タード・モンサンドイッチ・ネスパ」（ねぇ、サンドイッチずいぶんおそいんじゃない？）

したたかな赤毛は、すっとひっこんだかと思うと、忽ちサンドイッチを持って来た。たかがバケットのハムはさみ。こんなものをドゥ・マゴで注文する客はいないというのか。なら、カルトに書かないで！

私は怒りとともにムシャムシャとほおばった。時計で計ってみたら、カフェが来るまで二十分、サンドイッチが来るまでその後二十分もかかっていた。

チャリンと皿にチップを置いて威風堂々が去って行ったあとも、羊ばぁちゃんはまだモグモグたべていた。

小金を持ったパリの一人ぐらしのご老人の楽しみなのかも知れなかった。誰と話すこともなく、自分の食べたい物を、自分のお金で、心おきなく食べている。

部屋に戻って、フランス語の辞書で、デブッチョというのを引いてみた。

すると、女のおデブさんは、Dondon《ドンドン》とあった。

《パリ、コラッ》——バスの中で起きた出来事

私が部屋を借りているポルト・デ・リラから、ＰＣ3というパリの外郭をぐるっと廻る環状バスが走っている。

その日、お天気は久しぶりに晴れ上がり、昔懐かしクリニャンクールやポルト・ド・クリッシー（娘と泊ったホテルがあった）も通るというので、とにかく終点のポルト・ド・マイヨまで、バスの旅気分で乗った。

メトロでカルネ（回数券・市バスと共用出来る）十枚を新しく買ったが、確かまだ一枚残りがあったと捜し出し、乗り口の刻印機にさしこむと、ガチャンと音がしたので、そのまま〝パリの切符はあとはいらないもんね〟と買物袋に放りこんだ。

バスがポルト・デ・リラを走り出して三つ目の停留所に止まったら、何だか知らないが交通局か何か、白と紺の制服姿の連中がドカドカと乗りこんで来た。

なにごとか、とキョトンとしていたら「ビエ」（切符・一般的に言う場合）とデブッチョ兄さんが、いやにきつい眼で言うから、買物袋からゴソゴソ見つけ出して差し出すと「ノンノン」と首を横に振る。

「ノンノン」って言われても〝アレ、さっきのとは違ったかナ、前に地下鉄の時に使ったのを捨てずじまいにしておいたやつかな…〟急に焦って、アレコレ出したり入れたりするが、無い。

そうだ、さっきカルネを買ったばかりじゃないか、と思って、新しいのを差し出しても「ノンノン」「パスポート？」って言うから、生憎今日はお散歩だから「ノンノン」と答えたら「パピエ」と言う。これが、また何のことかとしばし沈黙していたら、制服を着たギョロ目のドンドンが、何か書いて私につきつけた。そこには、三十五ユーロと書いてあった。

私は全く何が何だか分からなくなった。

口から出てきたのは「プルコワ、プルコワ」（何故？）

すると今度は、デブッチョ兄さんが「ポリス!!」と大きい声で叫んだ。

私の前に座っていた、ちょうど三十二、三歳頃の子連れのママ（中国人であろう）が心配そうに振りかえって、私に話しかけてきた。

しきりに「プスペス」（後からエスペス＝即ち現金のことを言ったと分かった）と言ってくる。

私は、さっきの駄目といわれたビエを彼女に見せた。彼女は、これは無効だ、というようなジェスチャーをしてみせた。どこがどうなのか言ってくれるけど、これが通じない。

どうやら三十五ユーロを払わなければ、ポリス、ということらしい。

財布を調べたらトータルで二十九ユーロしかない（とてもその金額には足りない）。さっきカルネで十・七ユーロ使ったばかりなのだし。

生まれて初めて〝進退極まる〟という境地に立った。しかし、オカシイ。どうして、さっきこのバスの刻印機はガチャンと鳴ったのか？

「ポリス、ポリス」と連中が騒いでいるうちにバスが止まって、今度はブルーの制服のポリスが二人乗りこんで来た。

バスの窓から外を見ると、何とちゃんとパトカーまで止まっているではないか？

私は〝ええ、ママよ。行ってやれ…〟

でも、自分が全く話の通じないことを悟った途端《とたん》、目の前が、真っ暗になった。が、アッという間にバスから降ろされた。

私が取り囲まれて、次の場面が始まろうとしたとき、停車していたバスから、悲鳴のような叫び声が聞こえたかと思うと、さっきのママが、十ユーロの札を四枚、ひらひら手にかかげて飛び出して来た。

「アタンデ」（待ってェ）

手でひらひら揺れている少し使い古しのピンクのユーロが四枚。

私は胸が熱くなった。私のかわりに、三十五ユーロを支払ってくれる、というのだ。今、数分前に乗り合わせたばかりの、このどこの国のおばあちゃんとも分からない、プルコワばっかり連発しているこの私に。

にくたらしい交通局は五ユーロのおつりを彼女に渡し、パトカーの警官達もまるで蜘蛛《くも》の子を散らすように、行ってしまった。

彼女は私の手をとってバスにいっしょに戻った。座席では、何が起きたのか分からずに、チビちゃんの兄妹が泣いていた。

私は、財布をまさぐって、とにかくありったけの二十九ユーロを彼女に渡した。

「メルシー・ボークー」と何度も頭を下げて。

さて、借金のためにアドレスをとガサゴソメモを探していたら、彼女は真剣なまなざしで私から眼をそらさず、両手を×に組んで見せて「ポリス」とうなずいた。

ああ彼女は、私がこれからどんな目に遭うかを想像して、助けてくれたのか。バスの中の人は、みんな知らん顔のままだったのに。

もしかして、私は、彼女の遠いふるさとのおかあさんにどことなく似ていたのだったろうか?

ありがとう、ありがとう、やさしいママ。

何にも言えないうちに、次のバス停につき、彼女はチラと私を見てほほえんで、チビを抱えて降りて行ったのであった。

その夜、『地球の歩き方』を読んでいたら、たまに検札が乗りこんできて〝不正乗車をきつく取り締まることがある〟と書いてあった。

では、あの刻印機はどうして、私の差し入れた切符をガチャンと受け入れたのだろう。

これがメトロの場合では、一旦使用済みの切符をうっかり入れると、しっかり出入りのハンドルが動かず、アッ、そうかと新しい切符と取り替えることが出来る。故意に何かをしたのでもなく、その切符が駄目なら別に買ったばかりの新しい切符をどうぞ、と言ったのに受け入れず、現金を払えだの、ポリス！　だのとは、何と融通のきかぬことよ。

パリコレだなんて、みんな喜ぶ時代は終わったのではないでしょうか？

私は、パリ、コラッと叫びたい。

この事件について、パリ在住の人々のフィードバックがさまざまだった。

それは、もしかしたら手の込んだヤラセ。

あなたは、パリでは起こり得ない人の親切に出会った、本当にスゴイ。

一番、真実《もっとも》らしく言った人の言葉では、不法滞在（ヴィザ無し）の中国系の人で、かつて同じような経験をした人だから、助けてくれたのだろう。

私は、やっぱり、あの眼の細い痩せぎすでサンダルばきのママの〝ね、こわいんだからね〟と言わんばかりの邪気のない眼を信じる。

《怪物《ガルグイユ》がくれたお土産》——ノートルダム大聖堂のてっぺんで

お話好きなら大抵の人が知っている、あのせむし男が棲《す》んでいたかも知れないノートルダム寺院の塔に登ってみようと、世界のあちこちから訪れてきたお上りさんに混じって思い切って列に並んでみた（ヴィクトル・ユーゴ　ノートルダムのせむし男）。ノートルダム大聖堂には何回も訪ねてはいるが、毎度行列の長さに腰が引けて、あの怪物達《ガルグィユ》を遥かに見上げただけだったけれど、今回は時間に制限は無いひとり旅。

いらいらもせずに、塔の入り口に辿りつくまで、かれこれ一時間、アメリカ人一家のうしろについて、そろりそろりと前へ進んだ。

ディズニー漫画で、とってもチャーミングに描かれていたカジモド（せむし男）の憧れのジプシー娘はいなかったが、今日は娘ならぬ少し薄汚れたジプシーの小母さんが、列に近寄ってきては「ドゥ・ユー・スピーク・イングリッシュ？」なんて聞いてまわっている。

これもジプシー一家の一人だろう。ひげを生やした初老のおっさんが、リヤカーのような荷台に、手製と思われるオカリナを並べて吹いていた。中国人らしい家族連れが感心の面持ちでそれを見ていたが、しまいに男の子が買って買ってとせがみ出した。

アメリカンファミリーは、三歳児ぐらいの女の子から十代のお姉ちゃんまでの三姫一太郎の大家族で、パリの涼しさにはちょっと気の毒なナイキの運動靴に、全員ショートパンツというういでたちで、ヨーロッパの情けない太陽にブルブル震えながら、足踏みしたり、喧嘩したりしている。

「ずいぶんと時間がかかるんですね」

私は、余り黙っていても自分がつまらないので、体格の割には大人しそうなパパに声をかけてみた。パパは、入り口まで出かけて行って様子を見てきて言った。

「一回に三十人ぐらいずつに区切って上り下りさせているみたいですよ」

さて、待ちに待って切符売場の窓口へ辿りついた。

小さな入口から、一人しか登れない巾のせまい石の階段が見える。蟻の行列のように、前の人のうしろを一定の間隔で登っていくのだ。

その石の階段に一歩足を乗せて初めて、自分の迂闊《うかつ》さに気がついた。好奇心が先立って、塔の階段の特徴について何も考えていなかったことを。

昔から外国物（ヨーロッパ）の絵本によく描かれてきた、さまざまな塔。ちょうどエンピツが突っ立っているようなその細い石の柱の建築物の内部について。

塔の内部は、大人一人がやっと登れるほどの細い石段が、らせん状に上へと続いていた。往き帰りの人が同時に居合わせることになると、どちらかが肩を斜めに引かなければならないその狭さ。

その石段は、何百年もの間人に踏まれて、端が摩滅している。三七八段、あの怪物《ガルグイユ》の回廊に辿りつくまで、キリモミ状態で登って行くことになる。

〝大変なことになった〟と覚悟するしかなかった。

登って、登って、登って行った。キリモミ状態なので、目玉が飛び出そうになってくる。もう駄目だ。危険を感じた時、やっと壁面にわずかなくぼみを見つけて、へばりついた。

ぜいぜい肩を上げ下げしていたら、アメリカパパが男の子を肩車にして平気な顔で登って来た。十代のお姉ちゃんは、顔を真赤にして金色のお下げ髪を揺らしていた。ママとチビ連中はリタイアしたらしい。

引くに引けない私は〝これまでの人生で一番の踏ん張りだ！〟と悲壮な気持ちにまでなって自分の体を持ち上げるように、上へと進んだ。

もうダメだ！　と思った瞬間、パッとひらけた空間に、お待ち兼ねの怪物《ガルグィユ》達がカッと眼と口をひらいて、パリの街を見下ろしていた。

〜あー、出たあー
危険防止の金網が、前後左右上下びっしりと張り廻《め》ぐらされている回廊から見はるかすパリの街々の素晴らしさ。でも足の震えは止まらず、私は回廊の石の出っぱりの空間にしゃがみこんで思わず叫んだのである。

「ああびっくりした。…やだナァ。私ったら自分がもうじき七十一歳になるってこと、忘れてたのよね」

ふと顔をうしろへ向けると、嬉しいことに背の曲がり加減、髪の白さ加減、顔の皺からみて同年配の、品の良い老婦人が私を見て笑っていた。

怪物《ガルグィユ》を背に一枚スナップをお願いしようとその老婦人に声をかけたら、アメリカ人だった。親切な彼女は、私のカメラを受け取ると、細くて狭い回廊と、天にそそり立つ怪物《ガルグイユ》や天使の像をバックにあれこれと場所を吟味しては、シャッターを押してくれた。

ところが、三枚目ぐらいで、ジーッと鳴ってフィルムが終わってしまった。

「どうもありがとうございました」

「フィルムはまだあるの？」

「いえ、残念ながらこれでおしまいなんです」

「じゃ、ちょっと待って」

彼女はごそごそとバッグをまさぐって、新しいフィルムを一本取り出し私に渡して

くれるではないか。

「まあ、すみません。おいくら？」

「いいのよ、いいのよ」

と彼女は笑いながら手を振ってみせた。

天下のパリの、ノートルダム寺院の高い回廊の怪物《ガルグイユ》の前で、私はアメリカのどこか

ら来たのかも知らない、ただどうやら同じぐらいの年月の人生を積み重ねてきた同性

にこんな親切をもらったのだ。

先日のバス事件に続いて受けた二度目の人の情け。

彼女のやさしさを有難く頂いて、回廊の奥から続く鐘楼へも足を伸ばした。

ノートルダムのせむし男、カジモドが住んでいた、とのユーゴーのフィクションをなぞって考えると、もし本当にこの二トンもある大きな鐘を撞《つ》くために、いつもこんな狭い、地上から遙かに切り離された空間に生きていたカジモドの話は、ずいぶんと残酷な物語だったといえよう。

もしそれが真実に近いことだとしたら、私が目を廻しながら登って来たキリモミ状の塔の階段を、日々上り下りしなければ生きてはいけなかったであろうから。

鐘楼から下りて行くと、彼女はまだ怪物《ガルグイユ》の像越しに、エッフェル塔やチュイルリーや凱旋門の遠景をゆっくりと楽しんでいた。

名前や住所をたずねるのもちょっと気が引けて、せめて、

「ノートルダム・ド・パリ！　セ・マニィフィック」（すばらしいわね）なんて言ったら、

「ヴィクトル・ユーゴー？　アイ・シンク・ソー・セ・マニィフィック」

と手を振ってくれた。

怪物《ガルグイユ》がくれた、すてきなお土産ばなし。

《雨の散歩》――ペール・ラ・シェーズ墓地まで

朝、窓越しに見えるシャルル・ド・ゴール空港あたりの上空に黒い雲がはり出していたが、西の空が青く晴れていたので、散歩に出ようとスケッチのための画用紙を一枚、ビニールホルダーに入れて部屋を下りて行った。

ビュット・ショーモン公園（凸凹《デコボコ》公園という）までは歩いて二十分ほどなので、そちらの方に向って坂を下り始めて、さて、気が変わった。

教会の前を通ったのである。

ちょうど一週間前の同じ日曜日。A氏のお誘いで、パリ市庁舎近くの小さな教会のオルガンコンサートに出かけ、偶然にもオルガニストが日本の女性で、キッチリした力強いバッハを聴き、ついでに久しぶりに礼拝にも参加した。

その教会は、パリには珍しくルーテル派で、他の有名な教会にあるようなピエタや聖人像などは見当らなかった。

今、私の足が止まった教会は、その大きさといい、屋根の尖塔といい、てっきりカソリック教会だと思った。

会堂の脇の入口の扉を押して入り、そうっと後の席につき頭《こうべ》を上げて驚いた。会堂正面は細目の縦格子《たてごうし》の木の壁、そして格子と格子の間にはめられている、それは美しいマリンブルーのステンドグラス。高い天井から下がっているシャンデリアは切子細《きりこざい》工《く》に似た葡萄の房の連《つら》なりだった。

祭壇に十字架のイエス像は無く、その代わりに復活し昇天するイエスが両手をひろげて大きく羽ばたいているかのような像があった。

その祭壇の左側には、イエスを抱《いだ》かぬマリアの像が、あたかも波の合い間から生まれ出たヴィーナスのようで、その白い波は美しい白百合を重ねて波とし、マリア様は花の波に漂っている。そのマリア像の右上にはタイル細工の海草、マリア像の左下には海蛇がとぐろを巻いていた。

そしてなおも珍しく、祭壇の右手には何とイエスを抱くヨセフの像があったのである。

司祭と副司祭の進行の合い間に、信者達が代る代る祭壇に上り、聖書を声に出して読み、歌う、全員参加の礼拝という型も珍しかった。

美しいバリトン、透き通るソプラノ、しかも聖堂にパイプオルガンはなく、すべてアカペラで、ボリューム一杯の聖歌が御堂の内部に谺《こだま》していた。

献金が廻って来て、聖餐式、主の祈りが終わると、皆が互いに両隣り前後の人々と、握手をしたりハグをしたりした。

通路を隔てた列の席から、私よりは少し若そうな老婦人が近寄ってきて握手をしてくれた。「メルシィ」半ばお辞儀になってしまったが、実はこの礼拝の間中、私は聴いていて何語で礼拝が行われているのかサッパリ聞きとれなかったのである。いったいカソリックなのか、何なのか、キリスト教の宗派の多さに驚かされたというところだろうか。

〝すがすがしい道草だったナァ〟と、教会の出口に立つと、雨がパラパラと降り始めている。でも私の内部で〝雨でも散歩〟という大合唱が聞こえてくるので〝ま、いいや。大降りになったらカフェに飛び込めば〟と歩き出した。


風が吹いて、スカーフを舞いあげる。葉先が早や黄ばんだマロニエの大きな葉が、ひらりと散ったが、並木はまだまだ青々と茂り、強くなりだした雨脚をたくみに遮ってくれる。

私が歩いているのはブールバール・モルニエ。

ブールバールは、車道だけでも片側二車線の双方通行という広さ。歩道だけでも巾が五メートルぐらいあり、二流《ふた》れの並木路、しかもポプラやマロニエ、欅といった大木の並木なので、よほどの雨でなければ傘をさす人は少ない。

パリの街の美しさの一番の魅力は、この並木通りと街中に統一された深いグリーンの鉄の街灯、そして電線や電信柱を退けたスカッとした視界にある。

頬に軽くふれる雨の一滴も、心落ちつく散歩となった。

並木通りの欅の大木の下では、日曜日のマルシェ（露店）が店じまいを始めていた。おばあちゃんと孫らしい少年の立っている八百屋のテントに飛びこんで、泥つきのジャガイモ数個とひょろひょろインゲンをひとつかみ買った。

その脇に紫色のビーツのようなものがたった一個売れ残っていたので、「コム・プトン・マンジェ？（どうやって食べるの？）」なんて、妙なフランス語で聞くと「オ・サラド」とギャルソンがすまして答えた。

パリの街もバカンスでどことなくひっそりと、のんびりしている。

歩道を濡らす雨も何だかのんびりで、私はブールバールを下り、ペール・ラ・シェーズ墓場に近いメトロ・ガンベッタ広場まで歩いた。

古くは画家ドラクロワ、小説家バルザック、音楽家ショパン、時代を下って第二次世界大戦下のナチスに対するレジスタンスの人々、または〝愛の讃歌〟を歌ったエディット・ピアフ等々、数え切れない有名無名の人々が眠るペール・ラ・シェーズ墓地に近いとあって、ガンベッタの辻は、雨なのに花を持つ墓参の人が多く見受けられた。

いつもは窓の下のカフェテラスを見下ろす私は、今日こそはと、雨粒をよけてくれる大きなパラソルの下に腰をかけて、ゆっくりと息をついた。籐の椅子の感触も体にサラリと心地よい。

隣のパラソルには、孫らしい女性とそのおじいちゃんの二人連れ。おいしそうにチョコレートパフェを食べているのがおじいちゃんで、豊かなブロンドの娘さんはワインを飲んでいた。

「アン・カフェ・エ・カラフ・ド・オ」

と我ながらゆとりを持ってギャルソンに注文すると、私はさっきの教会からもらって来た礼拝の栞を、分からないながらタテヨコひっくり返して読んでみた。

それは〝ポルトガル〟の教会だった。あの素朴さと明るさに納得がいった。

また、雨が強くなって、目の前を傘を持たない若い男性がメトロの入口へ駆けおりて行く。

《二つの愛》――マダム・チェルビを訪ねて

マダム・チェルビへ花束を

呼び鈴を押すと「ハイハイ」と張りのあるお声とともに、マダム・チェルビはドアを開けて下さった。

一五〇センチにも満たない小柄ながら、ピンクの縞のシャツに、すがすがしい白地に緑の花模様のスカート。とても九十五歳とは思えない。

抱えていった夏の草花のブーケは、お手伝いをして大きな四角のガラスの花瓶に挿した。

「百合の花と思ったのですけれど、ぐんにゃりしたのしかございませんでしたので」

「バカンスの間、パリではお花を買う人が少ないからなんですよ」


百合の花…マダム・チェルビ菊枝さんは、東京のカソリックの名門校白百合学園の草分けの一人であられる。そう、そして白百合の校章は、フランスブルボン王朝の紋章であるのだ。

マダム・チェルビと親交のある、パリ在住の作曲家マダムR・Sさんからのおすすめで、チェルビさんをお訪ねすることになって、改めて今一度、草思社から出された

『おてんばキクちゃん巴里に生きる』を読み直した。

明治四十三年（一九一〇年）生まれのキクちゃんは、女学生時代にフランス語に習熟し、十七歳の時にはすでに外務省に勤めておられる。

彼女はとにかくフランス好きで、その頃から〝絶対にフランスに渡る〟と心に決めておられたとか。その気持ちの通り、その後の彼女の人生はフランスを軸に徐々に花開いていった。彼女が初めて単身渡仏したのが昭和十二年、何と私が四歳の時だというのだから恐れ入る。

丸い小さいテーブルをはさんで、軽やかなオーラをふりまいて、私をじっと見ていられる年齢不詳の可愛い女性が、そんな冒険を？

私の頭の中のタイムトンネルを、驚きの車が行ったり来たり。

「それにしてもよくぞ第一次、第二次の世界大戦をこのパリで乗り越えられましたね」

「母なんですよ。私のお母さん!!　私が危機に瀕《ひん》したとき、必ず私の心の中に現われて私を助けてくれるんです」

「私は女学校四年のとき、生徒をえこ贔屓《ひいき》する修道女の先生を批判する作文を書いたの。とにかく、悪いことには黙っていられない性格なのね。学校に呼び出された母は、その夜、父にこう報告したそうです。『キク枝は大きくなったら、素晴らしく良くなるか、逆にうんと悪くなるかのどちらかでしょう、とこう先生がおっしゃいました。その通りですね』」

「それが、本当にすごーく良くなられた、ということですね」

マダム・チェルビは、いたずらっこそうに片目をちょっとつぶって微笑《ほほえ》まれた。そして深い息をひとつついて、

「戦死した弟が、日記に書き残していました。『死に際して、自分は人のために役に立った、と認識できて死ねたら幸いである』って……私も一生を人のために尽くしてきました」と静かに続けられた。お会いして一刻《いっとき》もたたぬ間に、初対面の私に深い心の裡《うち》を吐露《とろ》されるマダム・チェルビ。

「過ぎてきて、今ここに在るものは、人のために生きることが出来たこと、母の愛、弟の希い、そして大いなる神のお助けです」

『おてんばキクちゃん巴里に生きる』には、一九三九年ドイツのポーランド侵攻から始まった第二次世界大戦の幕開け、壮絶なヨーロッパ戦時体制の中で日本人としてパ

リに生き、戦いの渦の中で、いつの間にか敵国の立場に置かれた日本人達の苦労と受難のひとつひとつが克明に記されている。

大戦終了後、一旦は日本へ帰国されたキクちゃんは、愛する亡命ロシア貴族チェルビさんのいるパリへ再び戻り、九十五歳の今日まで、そのスケールの大きな彼女の人生の舞台であるパリで、そしてチェルビ氏との想い出のクールセルの、こぢんまりとしたアパルトマンで、たった一人で静かな時間を過ごしていらっしゃる。

「チェルビさん、御本の中で知りましたが、戦後間もなく、中原淳一さんと高英男さんがこのクールセルにたびたびお邪魔してお世話になられたとか。実は、私、若い頃少しの間中原淳一さんの下で働きました」

「まあ、そうでいらしたの。あの方は大人しくて、ちょっと変わった方だったわね。でもとても器用な人で、石井好子さんが舞台に履《は》いて出る足袋がないと騒いでいたら、型紙も無しにアッという間に足袋を作りあげちゃいましたよ。あの方達とは、一緒にスペインのフェスタの頃旅行をしました。弥次喜多道中で、それはそれは楽しかったものよ」

〝パリ帰り〟と称して、戦後日本の文化に華を添えた多くの人々が、このマダム・チェルビのお世話になったのか。

こういっては失礼だが、中庭に面した、わずか三間ばかりのささやかなお住まいなのに、そこに刻まれた数々の歴史の重みのすごさに驚く。

「おとといはね、カソリックの老人会に出かけてワルツを踊ったのよ。五回も。そしたらボランティアのギャルソンが『マダムはきっと昔、随分ダンスホールへ通ったでショ』と言うの」

戦前のパリの良き時代の、おてんばキクちゃんの颯爽《さっそう》としたダンスシーンが目に浮かんだ。つい数ヶ月前、大腿部骨折のため六ヶ月の入院生活を送られたばかりだというのに……なるほど〝おてんばキクちゃん〟なのだ。

今回の訪問に、何をお土産にしようか、と随分考えた。お花はお花として。

産みの親より育ての親ではないが、生涯に何度も母国へ戻るチャンスを持ちながら、愛するチェルビさんと暮らすために、沢山の危険と苦難の波を乗り切って帰って来たパリ。

そして今はフランス国籍の人となったマダム・チェルビ。

下手でも良い。私は彼女にジョセフィン・ベーカーのシャンソン〝二つの愛〟を聴いていただくことにした（ちょうどマダム・チェルビが青春の頃、カジノ・ド・パリで唄われていたとか）。

「嬉しいわ。どうぞ、どうぞ。この頃は唄も出ないのよ。たまに日本へ帰って妹の家に遊びに行くと、その家は緑が深くて小鳥が囀《さえず》っているの。それでつい私も口から唄がこぼれるのだけど、このクールセルの中庭は日当たりも悪く、木が一本もないでショ。唄を忘れたカナリアよ」

「J'ai deux amours, Mon pays et Paris.」（わが愛しのふるさとよ、パリよ）

アカペラで唄うと、マダム・チェルビは、私の隣に座って、一緒に声を出された。

二つの愛しいふるさとを持つマダム・チェルビ。

「トレ・ジョワイユー。トレ・ジョワイユー」

訪問してからちょうど一時間四十五分経っていた。

「セニェヴ・ビアン」（お大切に）

「メルシー・ボークー、ヴォートル・ヴィジテ」（来て下さって、ほんとにありがとう）

握手をして、ドアを閉めると、九十五歳という高齢で、たった一人、アパルトマンで神とともに時を刻むマダム・チェルビの可愛い姿は消えた。

《夕べの鐘よ》――ミラボウ橋

夜七時。

まだ日は暮れ残って、橋を渡る風は涼しくセーヌの水面《みなも》は残照に映えて小波《さざなみ》を立てている。まるでオレンジ色の絹のスカーフが流れるように。

十五区と十六区を結ぶこのミラボウ橋のちょうど真中の欄干《らんかん》にもたれて、私は佇《たたず》んでいる。

とうとう来た。ミラボウ橋。

五十年に近い主婦生活のバカンスに「一人でパリへ行っておいで」と私を送り出してくれた夫、そして子ども達よ。メルシー・ボークー。


私は今、ここで一人〝ミラボウ橋〟を唄おう。

少し上流から、自由の女神が私を見守ってくれているこの夕暮れ。私を支えてくれている深い緑の鉄の欄干《らんかん》に手を置き〝ミラボウ橋〟を心やさしく唄おう。

水量豊かな八月のセーヌの、今日はまた何と穏やかに、母のように優しくゆったりと、私の唄を聴いてくれることだろう。

今日のセーヌの流れの優しさに、あのアポリネールの詩は、少し激しすぎるような。でもその激しさこそ、青春真只中のアポリネールとローランサンの情熱の証《あかし》なのだ。音もなく流れるセーヌ川の巾の広さが私をおおらかにする。

―もう母恋いは止めよう―と思った。

母と川。

私は切ない想い出を持っている。青春時代のある年、淋しい正月に母と二人、浅草言問《こととい》橋の欄干《らんかん》から隅田川を眺めた。自らを語ることの少なかった母の口から、その時初めて、祖父が新潟の信濃川の河口でダルマ船を造る船大工の棟梁《とうりょう》だったことを聞き知った。

言問の欄干《らんかん》をくぐり抜けて行くダルマ船を見て、母は懐かしさに心溢《あふ》れたのだろう。

二十歳の時にふるさと新潟を離れ、台湾、東京、九州と夫に仕えつつ六人の子育てを全うし、しかも九十五歳でこの世を離れるまでに、いったい何回ふるさとへ帰っただろう。

そして、その十数年後、その信濃川の萬代橋《ばんだいばし》に佇んで、母のルーツに想いを傾けたのは、私である。

三十代の終わりから五十代の半ば近くまで、母は私の家族と暮らした。父亡き後、兄達の家を転々とした挙句《あげく》のことであった。

私の家族は、夫の転勤について住居を移動しつつ、母を我が家の一員として迎え、悲しみも、楽しみも、苦しさも、幸せも共有した。

ある日、家庭内でちょっとゴタゴタがあった。子ども達の反抗期も続々と出てくる年頃であった。

母は、フイ、と姉の家へ出かけ、そのまま帰ってこなかった。そして結局また、長兄の元へと戻って行った。

すべてに余裕の無い環境で、私は夫、母、子どもに精いっぱいのエネルギーを注ぎこんでいた。おいしいご飯だけ食べ、まずくなったらテーブルを変えたのか…と私は深く〳〵心傷つき、立ち上れなくなりそうになった。

母を何とか理解したい、母を受け入れたいと希って、一人新潟へ行った。

数少ない親類縁者への訪問もさほどのこともなく、私は萬代橋の欄干《らんかん》に手を置いて、母の語った私の祖父母の話、とくに山里から嫁に来たおばあちゃんの実家が豪農で、旬の野菜、米がいつもこの信濃川を下って、母の実家に届けられたこと。冬になると山のような大根が、今にも沈みそうになるほどダルマ船に積まれて、信濃川を下ってきた話などを、改めて想い出すのだった。

私は、自分を二十歳《はたち》の母に置き変えてみた。大正の昔、この雪国からいくら愛する人についての出発ではあったとしても、両親兄妹に別れを告げ、遠い台湾に出て行った母の決断のすごさ。幾山河の人生の荒波を、ふるさとに頼ることもなく、自分で切り開いて行くために身につけた、身変わりの早さや多少のエゴ。

ふりかえって、母を自分の家族の一員として迎え入れたからには、何が何でも私の想い通りにしてもらわなければ…という私のある種のおしつけ。

何とかそこまで気づいて、私はその後母を訪ねて兄の家に通うことになったのだが。

でも、いつもどこかにトラウマとして残っていた〝母の裏切りへの悲しみ〟という言葉。

〝ミラボウ橋〟を唄うと何故か、このトラウマが、ふいと浮かんで仕方がなかった。


「でも、ごらん。この悠々としたセーヌの流れを」

一人で〝ミラボウ橋〟を唄いおわり、私は自分に語りかける。

〝もう、好い加減にいいんじゃない？〟

日がオートゥイユの森の陰に廻わり、セーヌは暗く、もっと音無く流れて行く。

何という優しさ。時は流れ去って行くことを、セーヌが教えてくれている。

もう遠い話なのよ。

私は歩き始めた。十五区のサン・クリストフ寺院の鐘がしばし鳴って、宵の八時となった。

この秋、母が逝って十五年となる。

LA SEINE
ミラボウ ばし

《隠れ家》——マリー・アントワネット

よく晴れたある日曜日、パリ在住三十年のマダム・ビルキーがヴェルサイユ郊外のお宅に招待して下さった。

集合住宅でありながら、戸建て感覚を十分に保った緑一杯の団地だった。

マダム・ビルキーは、遙か遠い日本の、それも雪深い新潟は六日町のご出身。三十年来パリの日系商社に籍を置き、そのフランス語力を発揮されている。

父上をスイス人に持つ穏やかな人柄の夫君ムッシュー・ビルキーと、馬をこよなく愛する愛娘オディールとの幸せな日々をこのヴェルサイユで送っておられるのだ。


人の一生の不思議な縁を思わざるを得ない。

ショパンのピアノ曲が流れるサロンで、ゆったりとワインを楽しみ、彼女手造りのお食事に舌鼓《したづつみ》を打ちながら、話はやっぱりヴェルサイユの宮殿やマリー・アントワネットに及んだ。

「是非ご案内致しましょう。そういえば、私もずい分ご無沙汰です」

彼女の運転で、ヴェルサイユ大宮殿とは反対の大運河の裏道から入って行くと、通行禁止の綱が道を遮《さえぎ》って張られていた。パリを襲った一昨年の大風《おおかぜ》がとてつもなく強い風だったので、大木が何本も倒されて、未だにそのままになっているのだった。けれど、大運河を囲むグリーンベルトは、地元の人達の格好の日光浴の場だと見え、パンツ一枚で芝生を走りまわる幼児達、持参のサンデッキをひろげて本を読む大人。運河でボートを漕ぐカップル…急ぎ足の観光客の喧騒もなく、のんびりゆったりと時が流れていた。

プチ・トリアノンの赤い巨大な大理石の柱や床石を手で触れてみ、仰いで見、その豪華さに目が眩む。

「結局、この贅沢がフランス革命の呼び水になったのでしょうね。貧しきものの肩の上に乗ってね」

「王妃の館、田舎家をご覧になるとまた面白いと思います。ご案内しましょう」

軽くハンドルを握って、マダムはさらに緑深いヴェルサイユの森を奥へと走らせた。ドアをあけて、一歩車の外へ足を踏み出して、おどろいた。懐かしい田舎の臭い！あの肥やしの臭《にお》いである。

ギイッと音をたて、太い曲がりの枝の把手《とって》を引いて、臭《にお》いの本体へ近づいて思わず歓声をあげる。デザインの違いはありこそすれ、日本と同じ藁《わら》ぶき屋根の田舎家が、回遊する池を囲んで数軒建っていた。

　ぷんぷんと懐かしい臭《にお》いを発している家畜小舎の前庭では、アヒル、ガチョウ、白鳥、羊、山羊、ロバ、豚、ニワトリ等、放し飼いにされた家畜たちが、てんで勝手に餌をつつき走り、泳ぎ、鳴いていた。

　家の周りは畑で、豆、キャベツ、トマト、花かんらんなど日本でもおなじみの夏野菜が栽培され、生垣風の葡萄畑ではその実が力強く熟する時を待っていた。

　藁屋根の天辺《てっぺん》には、鳥の落とし種の自生の菖蒲《しょうぶ》やペンペン草が天に向って伸びていた。大宮殿の夜な夜なの豪奢な暮らしとは裏はらに、マリー・アントワネットはこの隠れ家で疲れた心を癒したということらしい。

私は目をつぶり、つい先だって見学したパリ・シテ島コンシェルジュリー内部奥深くにある牢獄を想い起こしてみた。

二重、三重の囲いと錠の中の日も射さぬ牢獄で、明日とも知れぬギロチンに登る不安と恐怖にさいなまれながら、絶えず警護の番兵の視線を浴びて、一日〳〵を過ごしていたフランス王妃。

その牢獄は、当時の実際の状況をほぼ確実に再現しているということで、灰色とも紺とも見分けのつかぬ囚人服に、短く切られた髪を粗末なヴェールに包んで、小さな十字架を前に聖書を手にして座っている、マリー・アントワネットの像の背中の弱々しさには、すごい現実味があった。

ヨーロッパの名家ハプスブルグ家の王女としての何不自由ない娘時代から、余り心のすすまぬルイ十六世に嫁いだことにより、身にふりかかった人生のさまざまな荒波。名家の王女故に、そのふるまいが

フランス国民の心象に悪い影響も与え、まわりまわって自分が最後に辿りついたのがギロチンだったということは、まことに厳しい神のお図らいであった。

〝隠れ家〟は、ロマノフ王朝最後の女帝エカテリーナも持っていた、ということだ。あの有名な、サンクトペテルブルグのエルミタージュ美術館の本体が、そも〳〵元は隠れ家として機能していたということらしい。

エカテリーナもドイツからロシアへと嫁いでいったお姫さまであるのだが、その権勢にまかせて収集した世界の名宝、美術のおびただしい量のせいで、いつか隠れ家が世界有数の美術館となり、現在も人々の眼を楽しませてくれるということだろう。

哀れにも、隠れ家から引っぱり出されて断頭台の上の人となったマリー・アントワネットよ。

今日も、あなたの隠れ家では「コケコッコー！」とのびやかな雄鶏の時を告げる鳴き声が聞こえています。

池の水も、小波《さざなみ》を立てたような。

Petit Trianon
ヴェルサイユ

《愛しのサン・マルタン運河》――北ホテル

フランス名画「北ホテル」の舞台

何回もパリを訪れていたものの、一度も縁がなかったサン・マルタン運河。

その日は、朝からパリの空は青く、メトロ、プラス・ドゥ・ラ・レピュブリックから東の方へ五分も歩いて行ったら、明るい緑の広場へ出た。

パリ東北部の町ラ・ヴィレットから始まって、ゆるいカーブを描きながら運河はちょうどこのブールバール・ジュール・フェリーの広場辺りからバスティーユ広場まで地下に潜っていく。

幅三十メートルにも満たない運河の両岸には緑の並木が続き、流れる水は木々の葉の色を受けて、緑の絵の具を流して静かに流れて行く。川岸の散歩道で、車いすの奥さんを押しながら、リュックを背負った五十代の紳士がカメラのレンズを覗いていた。

「パルドン？　エスク・ム・プルネ・ユヌフォト？」と又下手なフランス語。

「メ、ウイ」

紳士は微笑みながら、シャッターを押してくれた。車いすの奥さんは、麻痺があるようで不自由そうな感じだが可愛いマダムで、介護をしている紳士もシャイで優しく、これがフランスのご夫婦なのか？　とそのつつましさに魅せられた。ご主人は私のスナップを撮り終えると、ゆっくりと奥さんの車いすを押して緑の川岸から消えて行った。

静かなパリが、水の流れに漂う。

その昔は、運河沿いには中小の工場が並び、運河には建築用の石材や木材を積んだ船がにぎやかに行き来していたことだろう。

セーヌ川では処理しきれなくなったパリの産業の一翼を担ったサン・マルタン運河の川岸は、町工場、労働者のアパルトマン、安ホテルなどが連なる下町の一つだった。

そのジャマップ河岸に「北ホテル」はあった。

マルセル・カルネの名作映画「北ホテル」は「天井桟敷の人々」と並ぶ、パリの下町の哀愁を細やかに描き出した不朽の名作である。

アーチ型の鉄の階段橋を渡ると「北ホテル」のジャマップ河岸。その手前で水門が堰を作って、船の上り下りの調節をしている。

小金を貯めて、このジャマップ河岸の古宿を改装して「北ホテル」を経営したのは、労働者上がりのルクブルール夫婦だった。

そこで繰り広げられる、貧しく、力弱きパリの人々の哀歓の小さなドラマが、映画

「北ホテル」である。

　今はＤＶＤでしか思い出をたどることは出来ないが、そのセピア色ににじみ出てくるものは、パリ風寅さん。誰もが自分に忠実に生きている。その姿である。

　このホテルの夜の食卓は、滞在する連中の憩いの場である。ワインを飲み、肉をたいらげ、冗談やエッチ話や、言い合いや、果ては取っ組み合いのけんか、「水門管理人」「運送屋」「女たらし」「男好き」「ひも」「娼婦」そんな住人をルクブルール夫婦は大好きなのである。

　このホテルに転げこんできた若者カップルの心中未遂事件から、ホテルはその平穏な時間が失われていくのだが。まさしくシャンソンの世界である。

「北ホテル」（ＨＯＴＥＬ・ＤＵ・ＮＯＲＤ）は、今はレストランである。ドアを押して中に入ると、気持ちはいっぺんに映画のシーンにフラッシュバックする。

　入口ちかくの壁にはめ込まれているタイルのサン・マルタン運河とアーチ型の鉄の橋の絵は、映画のシーンにも出てきているし、今もこのホテルを出ればすぐそこにある。

「ボン・ジュール！」とおかみさんの陽気な声が聞こえそうである。映画に写っていた左手のカウンターは見かけなかったが、一足段を登ると、そこにはこの映画の物語の主人公のルイ・ジュベやアルレッティの写真や遺品などが飾られていた。注文したポークジンジャーと赤ワインで、しばらく映画のタイムトンネルに入る。ボリュームたっぷりの庶民の味だった。

さーっという水の流れる音がして、水門が開いて運河を船が上がってきた。濃い緑に塗られた鉄のアーチの橋のてっぺんから、甲板ではしゃぐ観光客の声が跳ね返って響いてくる。

私は、河畔のベンチで食後の休みを取った。

「ああ、ここだな。あの登場人物たちが編み物をし、恋を語り、パリ祭を祝って踊り、想いがかなわない事に泣き、怒り、自分の精一杯を繰り広げていた川岸は」

木漏れ日の岸辺には新聞を読んでいるムッシューと、昼寝をしているギャルソンと、スケッチしている日本から来ている私と、三人だけの「サンマルタン」。ゆっくりとパリの夏の昼下がりが過ぎていく。

「北ホテル」の主人公　ルイ・ジュベ

《パリのおばあちゃん》——道案内とお店番

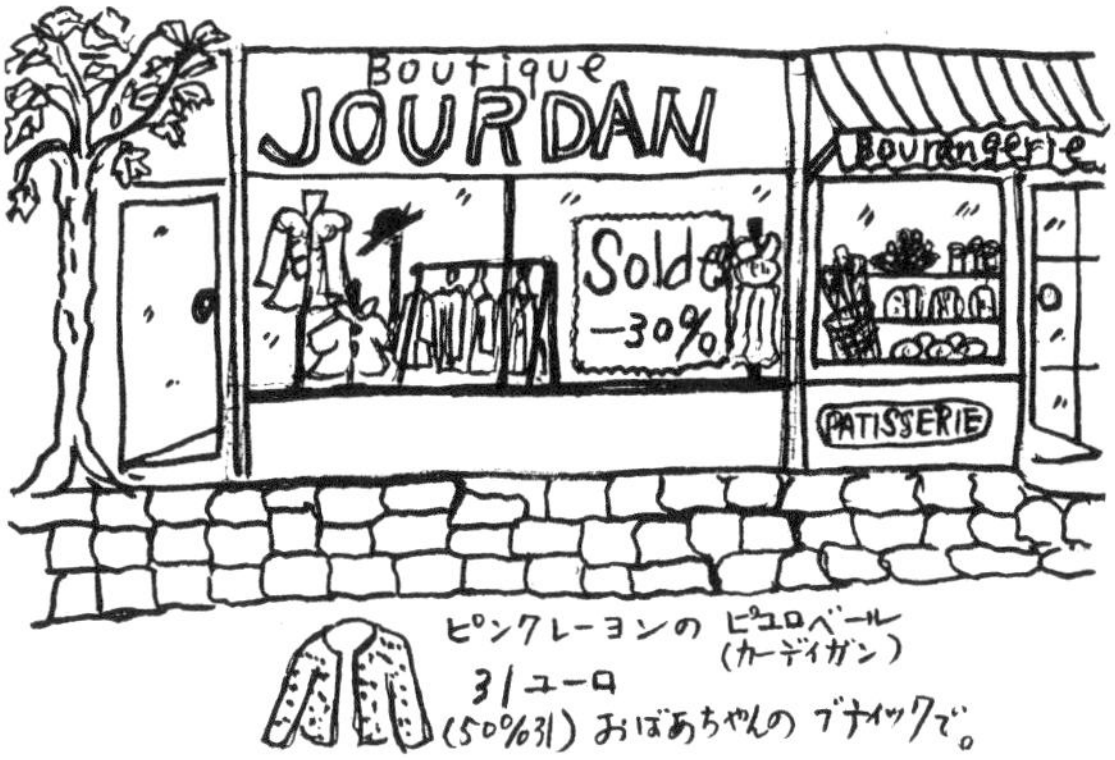

パリは、おばあちゃん。

たった一ヶ月の暮らしなのに、ますます、そう思う。

そのことを人に言ったら〝パリ娘は自己主張のかたまりだが、三十代を過ぎると柔らかさが出てしっとりするみたいですよ〟だから、おばあちゃんになる頃には、酸いも甘いも噛みわけて、アクが抜けちゃうのかしらん。ほんとに、そんな感じ。

といっても、私はただの旅人で、外からチラチラ見るだけで、勝手に決めこんでいるのかも知れない。

でも、その人の持つオーラは大体その人の中身を映し出しているものだから、私は自分の感じたいように、パリのおばあちゃんを見る。そういう私も、ほんとに、いつの間にかおばあちゃんになってしまった。

近くでよく行き違うおばあちゃんは犬を二匹連れている。小さいプードル犬で、その犬達と歩幅いっしょに、チョコチョコと歩いている。散歩コースが決まっているらしく、午前十時前ごろ、郵便局のポストに行くと、大抵、坂の下からヨチヨチと上って来るのに出会う。

ビショット・ルージュ公園で、本を読んでいたら、私と同じぐらいの二人連れが、楽しげに話をしながら、草花のかげから歩いて来た。

ピンクのジャケットにベージュのスカートが白髪混じりの金髪に何とも美しい一人。もう一人は、カスリ模様の紺のブラウスにズボンを穿いていた。

通りすがる二人のおしゃべりは、声高ではなく、それに若い人のような、小ウルサイ小鳥の囀《さえず》りでもなかった。

ある日、モンソー公園から歩き出して、通りをまちがえて、ヴァン・ドームまで遠回りをしたものだから、お目当ての、オペラ座の裏の、ラファイエット百貨店に辿りつけず、途方にくれた。

やっとカフェ・ドゥ・ラペの交差点まで来たら観光客相手に、地図を指し示している元気なおばあちゃんがいた。


一組がすむと、次の親子組みの中国人が尋ねる。身振り手振りの良さ。聞いた相手は納得して去っていく。

〝順が廻ったぞ〟と私は、おばあちゃんに「ジュ・ヴユ・ザレ・オギャラリー・ラファイエット？」「何ですって、ラファイエット？　このオペラ座の左側を行くでしょ？　ここからじゃ見えないわね、さあさ」

私の手を引っぱって、ちょうどギャラリ・ラファイエットの見える地点まで一緒に歩いてくれて「ラバ・アレ・ドロワ」（ホラ、ここを真直ぐ）

そしてニコニコと、地図をサックに入れて手を振って、また交差点へ戻っていった。

〝ハハア。一種のボランティアだな？〟

日本でいえば、下駄履きで買い物袋片手の気さくなお婆さん。でもその手のあたたかかったこと。不安の塊の外国の、また田舎の人には、どんな安心を与えてくれているのかしらん。


私の住んでいるポルト・デ・リラのベルヴィル通りを下っていくと、ジョルダンというメトロの駅に着く。

その辺りは、駅の目の前に教会。通りに面していつも行列している有名なパン屋や、小さいながら、新鮮な野菜果物専門店などもあって、私はとても気に入って、チョクチョクその街へ出かけた。

パン屋さんから数軒おいて、愛らしい小さいブティックがあって、きれいなローズ色のセーター、パジャマ、ブラウスなど、色を統一してショーウィンドーを飾っていた。

パリは思ったよりも、ずっとずっと寒い夏で、風邪ひき寸前だった私は、セーターを一枚おごることにした。

この間の公園のおばあちゃんみたいなローズピンクを真似してみよう。

入ってみると、お店番は、何と二人のおばあちゃんだった。こじゃれたコサージュにピンクのマニキュア。一人は多分八十歳に近いだろう。もう一人は私よりは若いドンドン。

「ボンジュール・マダム。あのピュロヴェール見せてくれませんか?」

ピンクのレーヨンのカーディガン五十%引きで、三十一ユーロなら、安い。

すると年上のおばあちゃんが、ウィンドーを見て「でも、あれはちょっと小さいかも」と言って、ゴソゴソ棚を引っかきまわして、ひと廻り大きいサイズの品の袋を惜しげもなく、切りひらいて、私に着せかけてくれた。

なるほど肩巾はまあとして、袖が長い。フランス人の方が手が長いのだろう。

「こうすれば、ホラ」

おばあちゃんは、私の両袖の先を折り曲げて「よくお似合いよ」と二人でうなずくので、翌日来るからと、取って置いてもらうことにした。

翌日夕方、お店が開いて、やっぱり老嬢二人が店番をしていた。

「昨日のピュロヴェールなんですけど」

すると、年上のおばあちゃんは、キョトンとしている。

「ほら、ほら」と若いドンドンが何度も言って、やっと「あ、そう〳〵」ちゃんと取ってあった。

多分、老人性の何かが、始まっているのだろう。白髪まじりの髪の毛で、黄色い日焼けのこの私を、忘れてしまっているのだとしたら。

何だか、売れても売れなくても良いみたいな、老嬢達のお店だった。

そういえば、パリではお婆ちゃんが大きな荷物を持ち歩いているのを見かけない。犬を連れているか、友達と連れ立っているか、若い人に支えられているか。

毎日、スーパーの荷物を両手に、あえぎながら横浜の街の坂を上下する私も七十歳のおばあちゃん。これからは、パリのおばあちゃんのように、なりたいな。

Edit Piaf

《コタン小路》――モンマルトルにて

モンマルトルは、いい。

まるで浅草寺さんのような賑わいの、サクレ・クール寺院の裏手にまわると、もう、ひっそりとしている。

ここは私の大好きなところで、これまでにも何回かは訪れているが、コタン小路とラパン・アジルは逃《の》がしているので、今回はどうしても訪ねたい、と思った。

フランス好きへの入口を作ってくれたのは、多分ユトリロの絵ではなかったかしら。それも、若い頃から心の中に刻みこまれている春夏秋冬のラパン・アジルと葡萄畑。そしてコタン小路の坂道と家々の窓の絵。


珍しく、今日は暑い一日だった。メトロのブランシュ広場から、昔、夫と泊まったホテルを訪ねたり、テクテクと丘を登って来たものだから大汗をかき、テルトル広場の方へはまわるのも面倒くさく、ひたすらコタン小路を目指して、寺院の右手へと向った。

ところが迂闊《うかつ》にも、地図を忘れ、美術の小冊子の略図だけを頼りに歩いて、なかなか目的地に辿りつけない。

この坂かな？　行ってみてもコタンと書かれてはいない。隣の坂？　左の坂？　とうろうろし、結局目の前の坂を下りてみると、そこはY字路になっていて、道の出っ張りを利用してウッドデッキが張り出され、赤、紫、白のペチュニアを溢《あふ》れんばかりに咲かせている、可愛いレストランだった。

ひとまず休息。

宵が長いので、辺りはまだ明るいが、時間は夜の八時に近かった。そして珍しいことに、オープンテラスのテーブルは女客ばっかりだった。

レモネードでサラダを食べている大学生らしい二人連れ。人待ち顔にワインを片手に本を読んでいる大柄の若い女性。

私が案内された椅子の隣にはもう一人、ちょっと風邪気味なのか、鼻をくしゅくしゅさせながら、パスタのフォークを片手に、しきりにノートに何かを書いている婦人がいる。

注文を取りに来たマダムに、パスタと白ワインのカラフを頼んで、

「コタン小路ってどこかしら?」

とたずねると、

「ノン・ジュヌ・セパ」

今どきのことだ。近くのお店に勤めていても、ユトリロの話でもないのだろう!

とあきらめた。

隣の婦人は六十代半ばに見えるが、ジーンズの旅行者の知的で魅力的な女性だった。大ぶりな皮表紙のノートに、せっせと速いペン運びで、思いのたけを吐き出しているように見える。

黄昏《たそがれ》が少しその色を深めて、マダムがテーブルの小さいランプに灯をつけてくれた。

サティの曲が流れてくるようなモンマルトルの黄昏。

料理が運ばれてくるまで、私は手にしているシャンソン〝ミラボウ橋〟の楽譜から、小さい紙に歌詞だけを写しとった。

今夜、ラパン・アジルに同行する日本の若いカップルに「絶対、楽譜を持っていらしてね」と念を押されたものの〝ミラボウ橋〟の歌詞をまるっきり覚えていなかった

のだ。そこで手のひらサイズの紙に歌詞を書いて、アンチョコにしようという魂胆だった。

一瞬思う。こんな、モンマルトルの丘の陰の、お花一杯のしゃれた小さなレストランで、眼の青い外人さんにまじって〝ミラボウ橋〟なんかをくちずさんでいる私。

ひとり旅の非日常。今宵はフランス色。

パスタが来たら、ジーンズの彼女が笑った。

「ザ・セームメニュー・オブマイン」

「あれ、フランス人ではないのですか?」

「アイ・スピーク・オンリー・イングリッシュ」

「あ〜、アメリカの方なんですか?」

「ええ。この夏はアルメニアで子ども達に英語を教えて、それからドイツを廻ってパリに来たんですよ」

「ひとり旅なんですね?」

Restaurant de MontMartre
こよいは フランス色
サティの曲を聴くような.

「ええそうです。あなたも？」

「私は、約一ヶ月パリ滞在です」

「それは素敵だこと。私はパリに四日ほどいて、またドイツ廻りでアメリカへ帰ります」

「英語を世界に広めるお仕事なのね」

「そう。でもパリはナイスね。今日はオルセー美術館へ行ってきたの。その記録を書いているところなの」

「私も以前何度かオルセーへは行ったのですけど、今日は、コタン小路をたずねてきたの。私はユトリロが好きで」

と、持ち歩いている〝世界名画の旅〟を開いて、

「どうしても、この絵のコタン小路を歩いてみて、それからシャンソニエ・ラパン・アジルに行くつもりでいるんです」

「なるほど」

とマダムジーンズはうなずくと、フォークとペンをひとまず置いて、サックの中から英語版のパリの地図を取り出した。

「コタン・ストリート？」

「多分、Cotin コタン」

「コタン、コタン？」

眼を皿のようにして地図を辿って、

「あったわ、あった〳〵。Cotin ではなくて、Cottin コタン、ティーティーアイ、ほら」

私はさっき、そこを自分が通り過ぎていたのに分からなかったのだ。

「どうも有難う」

「どういたしまして」

彼女はデザートのクレーム・ブリュレをすくい終わると、

「アメリカからお便りするわね、さようなら」

「よいご旅行を」

「あなたも、これからシャンソン唄うんでしょ。コタン小路も訪ねてみれば？」

「バイバイ」と、お互い手を振って、彼女は薄明かりの坂を上って行った。

エスプレッソを飲み終わる頃には、辺りは闇となり、ラパン・アジルでの集合時間が迫っていて、折角のコタン小路には引き戻ることが出来なくて、私は緑の闇を、ラパン・アジルに向って歩き出した。

ユトリロが何枚も〳〵描いた頃のそれとほとんど変わっていない葡萄畑と小さなシャンソニエを目指して、足を急がせた。

〝白の時代〟といわれる頃、ユトリロはアルコール依存症に悩みつつ、同じモンマルトルの部屋に閉じこもって、当時の観光絵ハガキのようなものを手本に、何枚も、コタン小路やラパン・アジルを描いたのである。

そのコタン小路を、私はまた、今回も見ずに終わった。

コタン小路

Lapin Agile（有名なシャンソニエ ハネ・ウサギ）

《巨人の眼》——アロマ橋・下水道博物館

ヴィクトル・ユーゴーの館があるヴォージュ広場

久しぶりに手に入れた、ひとりの時間。

私はヴィクトル・ユーゴーの『レ・ミゼラブル』を読み終えた。

幼いころに読んだ講談社の少年文学全集にあった『あゝ無情』またはロング・ランのミュージカル〝レ・ミゼラブル〟でお馴染《なじ》みの作品だが、今回、佐藤朔氏の克明な力訳五巻を何とか読み終えて、改めてこの作品の大きさに驚いた。

ジャン・バルジャン、コゼット、マリウス等の善玉人間に対する、ジャベール刑事、泥棒宿のテナルディとその家族の悪玉グループとが縦糸となって、フランス革命後のパリを中心とした貧しき人々の暮らし、不穏な政情等が詳しく描かれている一大スペクタクルが、この『レ・ミゼラブル』であるのだが、それらの縦糸を支える太い横糸の存在に目を見張らされたのである。

ドラマの進行の合い間〳〵に、ユーゴーはたっぷりのページ数を割いて、当時の文明批評をしている。そこに記されているのは、詳細に調査された当時の歴史的事実や社会情勢であり、ヒューマニズムに溢《あふ》れる文明批評であって、そのどれもが現代に通じる問題として、生き生きと心に迫ってくるのだった。また、この物語に登場する地名を、現在のパリの地図に重ね合わせてみたら、あるわ、あるわ、さながら当時のパりに住んでいるかのような臨場感を覚えたのである。

バスティーユ広場から、さして遠くないヴォージュ広場（貴族の館）の東南の一角がヴィクトル・ユーゴーの住居で、今はミュゼアムとなっている。客間、居間、書斎、寝室などは当時のものそのままだ。

生存中は作家としても政治家としても成功を収めた巨人を偲ぶこと十分であった。館の階段にジャン・ギャバンのジャン・バルジャンの映画のポスターが貼られてあったり〝ノートルダム・ド・パリ〟のせむし男の舞台写真があったりした。

そこで、私が気がついたことは「レ・ミゼ」の物語に出てくる街々は、このヴォージュ広場を中心に始まり、セーヌ河をはさんでパリ中心部を舞台にしているということだった。

数年前、アンデルセンを訪ねてデンマークを旅した時と似たような感慨。それは〝作家は身近な処から描く〟ということ。

そこで早速物語の街を今のパリに重ね合わせてみると、私の滞在するポルト・デ・リラの丘からバスで下ると、主人公ジャン・バルジャンが眠るとされるペール・ラ・シェーズ墓場がある。

さらに、セーヌ河畔へと下ってくるバス通りは、有名なバリケードの攻防戦のあったサン・タントワーヌ通りへと続き、マリウスとコゼットの婚礼の馬車が行きすぎるサン・ポール教会の前で停車する、といった具合である。

物語の大詰め、バリケードで負傷したマリウスを背に、ジャン・バルジャンが脱出を試みる下水道の鉄格子が、たしかこの辺りにあったのである。

筋書きを素直に辿れば、ジャン・バルジャンはこのパリの地下牢とも呼ばれる糞尿塵芥の流れを、足をすくわれそうになりながら、また頭がつかえて腰をかがめながら、または暗闇の中で行き先を見失いながら、苦労と疲労の極《きわみ》の中で、現在のパリ市右岸の地下道を這いまわり、ついにセーヌ河畔下流のイエナ橋で出口に達する…ということになっている。

この下水道の中での彷徨の描写の正確さこそ、ユーゴーの、時代を視る確かさの証明だと私は思う。このドラマ運びの前後に、書き記されているユーゴーの下水道論〝巨獣のはらわた〟は、すごい。

「パリは、年に二千五百万フランの金を水に捨てている。昼も夜も、パリのはらわたといわれる下水道を使って我々は莫大な費用をかけて、遠い島へ海ツバメやペンギンの糞を肥料にするために採集に出かけ、手元にある無限な富の要素（人糞他）を海に投じているのだ。人間の滋養分は大西洋へと吐き出され、土地は痩せ、水は汚染され、飢えが田畑から生じ、病気が川から生じる。〝下水は誤解である〟受け取ったものは返す二重の排水装置が、浄化するだけで貧困をもたらす下水にとってみれば、その時こそ、新しい社会経済の成果と合体して、土地の産物は十倍にもなり、貧困の問題はいちじるしく緩和されるだろう」

（『レ・ミゼラブル』より）

本当に残念なことに、今から百数十年も前にユーゴーが憂えたそのまま、世界中がリサイクルなき地球の貧困化へとつき進んでいる。

もちろん、そのまま現在の日本の下水道問題の根っこに、同じ矛盾が存在したままなのではないのか。

ユーゴーの時代においてさえ、パリの下水道は、二十二万六千六百メートルという巨大なはらわたとなって地下でうごめいていたというのであるから、現在ではいったいどんな状況になっているのだろう？

この旅の終わりに尋ねて行く先が、アンバリッド近くのアロマ橋のたもとにある下水道博物館、となった。

もう秋の気配が、雲の流れに乗ってきたある日の昼下がり、訪ねたアロマ橋の下水道博物館は、観光客で賑わっていた。

地下深く階段を下りて行くと、メトロの構内を思わせる程の通路が遙か奥まで続き、カナルのような下水道の水面に、フラッシングボートと呼ぶ浚渫船《しゅんせつせん》が浮いていた。

この下水道は、コンコルド広場の真下からこのアロマ橋まで走ってきている。凡そ八百年も前に、飲み水としていたセーヌ河に、街中至るところに打ち捨てた汚水が染みこんで逆に流入し、病気の発生の元となったことに端を発したパリの下水道の歴史は、代を重ねてナポレオン一世の時代に完全にトンネル状となり、更に十九世紀のオスマン男爵のパリ大改造の折に水道管の設置も行われ、その後の進歩発展も目覚ましく、一九七〇年には遂にヨーロッパ第一の施設となり、実に一日二百万立方メートルの下水の処理を行えるようになったという。

アロマ橋からエッフェル塔をのぞむ

そしてこの巨大なはらわたは、実にのべ二千百キロの網目状となって、まさにパリ地下都市の機能を果たしているのである。しかも現在では、上下水道のみならず、電話網やガス網をも包含しているということだ。

聞けば、日本からも各種専門家が研修見学に来るということだった。

歩いていると異様な下水道特有の臭いが鼻につき、また下水道には欠かすことの出来ないドブネズミ一家の活躍する想像モデルのスペースがあったり、ジャン・バルジャンが、街路の鉄格子を開けてマリウスを背に飛び降りた想像図を描いている壁のくぼみがあったりした。

隠れ家としてのパリの下水道の歴史も長く、古くは十四世紀の暴徒、十五世紀の外《がい》套《とう》泥棒、十六世紀のユグノー、十八世紀の火責めの強盗等、ことあるごとに、隠れ家としての機能を発揮して来た、とユーゴーが記している。

そして、私が今回足を停めて見たものは、まさに第二次世界大戦下のパリに侵攻してきたドイツナチ軍に対する、市民達のレジスタンスの隠れ家の跡だった。

パリ市は、その頭上を〝レジスタンス広場〟と名づけて、その記憶をとどめている。

地上のパリの喧騒《けんそう》より、遙かに想像力を駆り立ててくれた、下水道博物館だった。

イエナ ばし

《楽園の子供たち《レザンファン・デュ・パラディ》》――街角の公園にて

レザンファン・デュ・パラディ（天国の子供たち）名画「天井桟敷《てんじょうさじき》の人々」（マルセル・カルネ監督）の原題の言葉だとは分かっているのだけれど、街角の公園で無心に遊びまわっている子供たちを眺めているうちに、ふと口をついて出た〝レザンファン・デュ・パラディ〟。

パリの街角には、緑が豊富な公園があちらこちらにあって、ものの十五分も歩けば、そのいずれかに出会うことが出来る。

片隅の運動場では、お年寄りがペタンクに熱中し、植え込みに沿って置かれたベンチでは、おばあさんが編物なんかしていたりする。

賑わいの中心は、簡単なフィールドアスレチックを取り入れた遊具のある場所で、そこでは子供たちの歓声が、日暮れ近くまで聞こえる。

日本の公園にあると良いのにナ！　と思うのが石造りの卓球台だ。これは公園内だけではなく、ブールバールの並木の蔭にも置いてあったりする。ネットの代わりに、同じく石の薄板が具合の良い高さに嵌《は》めこまれているから、子供たちでも大人たちでも、ラケットとピンポン球をポケットにしのばせて来て、ひょいと汗をかいて楽しんでいる。

今やパリ市の人口の三分の一は移民ということもあって、人種のメランジェ（混血児）は何も珍しいことではないようだけど、そればかりでなく、人種の市場みたいなのがこの公園という場所だ。

首から上をとりあげてみても、色白ブルーの瞳の金髪、ココア色のチリチリ頭、じゃがいも色の黒い瞳、目尻がスーッと切れているベージュの三つ編み。白人・黒人・中近東・中国・韓国色とりどりの子供たちが、何の屈託もなくワァワァ、キャーキャー、滑ったりのぼったり追っかけたり、砂遊びをしたり、お腹いっぱい、遊んでいる。

ガキ大将の雰囲気を持っているのが黒ちゃんの小学校上級生。

坊主頭で体格も良く、気持ちもやさしそうな黒ちゃんが、色とりどりの子供たちを取りしきっているのを見ていると、なんだか国際都市パリの将来が窺《うかが》えるようだ。

人懐っこいのも黒ちゃんが飛びきりだ。

昨日私は昼間、人と会って少量のビールを飲み、酔いを醒《さ》まそうと住まいの近くのベンチでウトウトしていたら、目のクリクリっとした三歳ぐらいの黒い坊やが近寄ってきて、引いて来たおもちゃのトラックの荷台から取り出したプチトラン（小さい電車）を差し出して「動かして」と言うのである。

それで「アレ・ルトゥール」（ゴー・バック）「アレ・ルトゥール」と石畳の上を一緒に行ったり来たり押してやった。

しばらくすると、当人は飽きて三輪をこいで行ってしまったので、やれやれとアクビのひとつもしていたら、ぐるーっと一廻りして来て、また私の手を取って一緒に「アレ・ルトゥール」と始まった。抱きしめたいほどの可愛らしさで「坊や、いくつ？トロワ（三歳）？」と尋ねると、どう受けとったのか、指を二本出して「ドウ」、三本立て「トロワ」、四本並べ「キャトル」、片手をあげて「サン！（五）」と得意気に教えてくれたのだった。

公園のベンチに座って、読書をしている人は、たいがい白人のママで、先刻のチビクロちゃんのお母さんはとてつもないドンドンで、大声で叱りとばしたりしている。

それが昔懐かし日本のおかあちゃんみたいな素朴な人情味をたたえている。

じゃがいも色のお母さんはスカーフを目深く被ったアラブ系。たまに額に赤い丸ポチをつけたお母さんが、どっきりするほど美人だったりする。

シノア（中国）のお母さんは、殆ど見かけない。働き者だということだから、きっと夫婦でガッチリ稼いで公園どころではないのだろう。

今日は午前一杯氷雨のような雨が降り、三時を過ぎてやっと日が射してきたので、運動がてらまたもやいつもの公園に行ってみた。

今日も公園は賑やかな子供たちの天国で、チビクロサンボのみなさんと、ローラースケートで走り回るお転婆娘の一団と、まさしくエーミールと少年探偵団のご一行が公園内を荒らしまわっていた。

どこでも体操へっちゃらのピノキオ婆さんこと、私が体の凝り固まった節々をほぐそうと人気《ひとけ》の少ないベンチの脇で、オイチ・ニとストレッチ運動を始めたら、草むらの陰からピューーッと口笛。見ると、例のエーミール探偵団のご一行が私の素振りを全員で真似して笑っている。

—おいでなすったナ。こちらの望むところ！

もう胸がワクワクしてきた。そこで、上下の屈伸、左右の捻《ひね》り、首ひねり、アキレス腱のばし…どんどんやりながら彼等を盗み見すると、ゲラゲラ笑いながらこのピノキオ婆さんの真似をしてくれる。

心の中で思う。—こういう子供らしさは日本人の子供には、もう失われているんだナァー
手を振ったら、みんなで振ってくれたので「私は誰でしょう?」と訊ねると、口ぐちに、

「ジュ・ヌ・セパ」

「私は日本人なのよ」

みんなはガヤガヤし出して、中には「お金はないの」なんて不埓《ふらち》なことばも聞こえてくるが、その先はもう完全にお手上げだ。

「誰か英語が話せる坊やはいない?」と聞くとなかなか利発そうで育ちの良さそうな赤い縞シャツくんが

「アイ・キャン・スピーク・イングリッシュ」と答えた。

彼等のベンチに腰を掛けて、彼と話した。

「おばあちゃんはどうしてここにいるの？」

「おばあちゃんの友達の娘さん夫婦の部屋を借りて、このバカンスを過ごしたのよ」

「ふうん、そうか。でもどうして？」

「娘さん夫婦は日本に行っていて、お部屋がちょうど空いているからなの」

赤縞シャツの坊やは、何と毎回〳〵ぐるりと囲んでいる探偵団の連中に、フランス語に通訳して聞かせている。

「ねえ、日本って人口、ワン・ミリオン？」

「とんでもない、百ミリオン以上もいるのよ」

「へえー、そんな大きな国なのかあ」

「君は英語がうまいのね。でもほかの坊やたちは、どうして話さないの？」

「あいつらは年下なんです。英語は十二歳にならないと、学校で習わないんだ」

「じゃ君が一番年上か。それにしても、すごく上手、上手」

とほめると、真赤になって、

「サンキュー・ベリーマッチ」と言った。

探偵団のご一行さま一人一人と握手をしてお別れする。

「オル・ボワー」と言うと、何と彼等は、両手を合掌の型に組んで「さようなら」と日本語で答えたのである。

優しく握手してくれた赤縞シャツ名通訳。私の手をギューッと握って放さなかった、口笛の上手《うま》いココア色。照れて、ねじり握手のじゃがいも眼鏡くん。しばらく行って振り返ると、木の間がくれに彼等が手を振ってくれていた。

そして私は〝レザンファン・デュ・パラディ〟に出会えた嬉しさをお土産に、明日、パリを発つ。

オル・ボワ・パリ・メルシー・ボークー！

冒険のバカンスも、これでおしまい。

註　チビクロサンボはイタズラクロンボ。
クロンボのサンボが出会った虎たち。サンボからうばったシャツやズボンのとりっこでグルグルグル♪　虎たちはバターになっちゃった。バターを使ったパンケーキ♪

《魔女のスカート》――おわりに

「パリってどんなところ？　ひとことで」

とマイクを差し出されたら、即座に答えよう。

「魔女のスカートです！」なんだかスケベなおっさんのセリフみたいだけれども、私にはぴったりなのだ。ひらひらと色彩やかなフレアースカートに眩惑《げんわく》されて近づいてみると、その奥にひそむ深い暗部。

下水道を追いかけたからではないのです。美しい並木、すばらしい建造物、センス溢《あふ》れる街角、シンプルなモードに身を包んだパリの人々の魅力、ミュゼアムに溢《あふ》れる絵画や彫刻の名品の数々。レベルの高い音楽に演劇。


世界に名だたる都市・パリこそ、人々の憧れの的であり〝パリに行ってきます〟のひとことで、この七十歳の婆さんのステイタスが上がってしまうほど〝パリよパリ〟と誰もが言います。

スカートからチラと見える暗いもの。シテ島から始まって、セーヌ河をはさんで成長を続けたパリの歴史は、進入と略奪、征服と虐殺、政治と宗教が人民と貴族と絡《から》み合い、現在のパリが出現するまでに、どれだけのおびただしい血が流されたことか。その地獄から這い上がりたくて、どれだけ沢山の教会が作られ、聖画が描かれ、聖像が刻まれたか。小説も詩も。

たった一ヶ月ぐらいの滞在でありながら、パリが私に強く訴えかけたものは、グルメやファッションなどではなく、そういったつらい過去の上にある己れ、そして現在は実に人口の三分の一を移民で占められた己れのスタンスを守るために、必死で試行錯誤しているかのようなパリの姿だ。

一衣帯水のノホホンとした、恵まれた私たち日本民族には想像出来ない厳しさの中に、パリの人たちは生きていると思うのだ。

なればこそ、喜びも悲しみも、親しみも憎しみも、日々の行動の中にも人々はアサーティブ（assertive）になり自立度が高いのだと思う。

公園で抱き合う若いカップル、電車の乗り降りにしっかり唇を交わしている彼等の〝自分たちは自分たち〟の幸福そうな仕草に、ある種の感動さえ覚えた。

そしてある夜、フランスのＴＶ局が流した原爆投下（広島・長崎）のドキュメントに、私は打ちのめされた。それは投下したアメリカサイドの編集で、トルーマンの笑顔やエノラ・ゲイの乗組員たちの明るい表情、作戦図にみえる広島の街の風景の映写の様子、そしてあの許されざる地獄の瞬間から、焼野原となり果てた爆心地、被爆の人々への淡々たる映写。…私は孤独感すら覚えたのであった。

　このドキュメントの放映の翌週、パリのＴＶは、白黒の日本映画、井伏鱒二原作〝黒い雨〟をフランス語のテロップで放映した。懐かしい、今は鬼籍に入ってしまった名優たちの演じる素晴しいフィルムだった。

　今度は日本サイドでばっちりと。これが魔女のスカートと私が感じざるを得ないところだ。

　まことに貧弱なフランス語力では、これらについてパリの人の考えを聞くことが出来なかったが、今でも、日本の〝商売〳〵〟の甘ちょろ雑誌に乗せられて、パリにブランドをあさりにくる若い人たちに、声を大にして言いたい。

〝パリは魔女のスカート。パリにくる時には、フランスの歴史、キリスト教をしっかり勉強してきてね。だまされないようにね〟

　私は、一ヶ月の滞在に沢山のパリ在住の方々に親切にして頂いた。

　私の借りた部屋の持ち主である作曲家Ｍ・ヤセンとリカ・スズキご夫妻のあたたか

いご配慮、お二人のお友だちの方々。

　本当に〳〵感謝します。

　ヴェルサイユの郊外で、穏やかな暮らしを続けていられるマダム・ビルキー。旧友の知人でブローニュの森へ楽しいピクニックをご一緒下さったヴェッセ菜穂子さん、私のために、荷物を運び、壊れた眼鏡の修理につき合い、絵本の店へ案内し、オルガンコンサートまで連れて行って下さった、作曲家のM・安藤、台風で十二時間も遅延したエールフランスの出発まで、私に付き添って下さった作曲家でありピアニストのM・棚田。最後の夜に、珍しいパリに住むユダヤ人の暮らしについて語って下さったピアニスト、本野さん。

　とにかく、生きて、元気に、七十歳のひとり旅〝パリはごきげん〟な暮らしを終えることが出来ました。（おわり）

METRO
ポルト・デ・リラ

《あとがき》

パリ一人旅から十年の年月が流れて、私は八十歳の大台にのった。

世界は、地球は、怒涛の変化の中に揺れに揺れている。

夫は昨年、天にのぼっていった。パリも嵐が吹きあげた。

「ヴォートル・アーム・ソワ・トゥジュール・ジュンヌ！」(votre arm soit toujours jeunne!)（君の魂はいつも若いよ！）

夫が婚約中に贈ってくれたことばである。

そしてパリを、シャンソンを愛したのは他ならぬ夫でした。

私の人生に彩りを与えてくれた！　パリよ。


パリはごきげん♪

長い間、私の支えになって下さり、このエッセイの実現に大きな力を添えて下さった吉田涼子さんに心から感謝申し上げます。

そして、暑い一夏を父の為に食事作りをしてくれた長女聡子、出発のサポートをしてくれた長男宏明。

空港で万歳！　と手を振ってくれた孫友彦、明彦。

皆さん、本当にメルシー・ボークー。

十年目の夏の夕暮れに。

本文は「季刊紙パピヨン」に掲載した「パリの空の下わたし暮らし」を土台に致しました。

再版によせて
米寿を記念して再版を思い立ちました。
もう一度♪　パリの旅を夢みています。

MON Paris
セーヌ川
クリシー
17区
8区
16区
7区
15区
14区
13区
12区
10区
19区
20区
ポルトデリラ
ヴァンセンヌの森
セーヌ川
かたつむりのパリ
私のあしあと……
ou METRO ou
シャルトル

うつみ よしこ

内海宜子。昭和9年8月28日東京世田谷松原にて生まれる。
第二次世界大戦東京大空襲直後、父のふるさと熊本天草に疎開。戦後、博多 福岡女学院、帰京後、東洋英和女学院から早大仏文学科へ。
大学4年卒論提出後、卒業式を待たず、出版社「ひまわり社」見習いとなる。約1年半それいゆ編集部勤務、結婚のため退社。札幌、仙台、東京、名古屋と転勤。横浜在住。
著書『私のそれいゆ日記』(風詠社 2022)
訳書『雪の女王』アンデルセン原作（ほるぷ出版）
『しらゆきひめ ふぇありい・ぶっく』ヤン・ピアンコフスキー（ほるぷ出版）

※本作品中には、今日の観点からみると差別的表現ととられかねない箇所が一部ありますが、著者自身に差別的意図はなく、作品自体のもつ文学性ならびに芸術性、また当該作品に対する著者の思いを組んで、原文どおりとさせていただきました。

パリはごきげん♪

2023年3月25日　第1刷発行

著　者　うつみよしこ
編　集　吉田涼子
発行人　大杉　剛
発行所　株式会社 風詠社
〒553-0001 大阪市福島区海老江5-2-2
大拓ビル5-7階
TEL 06（6136）8657　https://fueisha.com/
発売元　株式会社 星雲社
（共同出版社・流通責任出版社）
〒112-0005 東京都文京区水道1-3-30
TEL 03（3868）3275
印刷・製本　シナノ印刷株式会社

ISBN978-4-434-31607-4 C0095